AF252285

# CONFÉRENCE

## AU PROFIT DES VICTIMES

## DU TREMBLEMENT DE TERRE

### DE L'AMÉRIQUE MÉRIDIONALE

PAR

MM. Édouard LABOULAYE,
Jules SIMON, Arthur MANGIN et Th. MANNEQUIN.

---

PARIS

IMPRIMERIE DE A. PARENT,
Rue Monsieur-le-Prince, 31.

1869

# CONFÉRENCE

## AU PROFIT DES VICTIMES

## DU TREMBLEMENT DE TERRE

### DE L'AMÉRIQUE MÉRIDIONALE

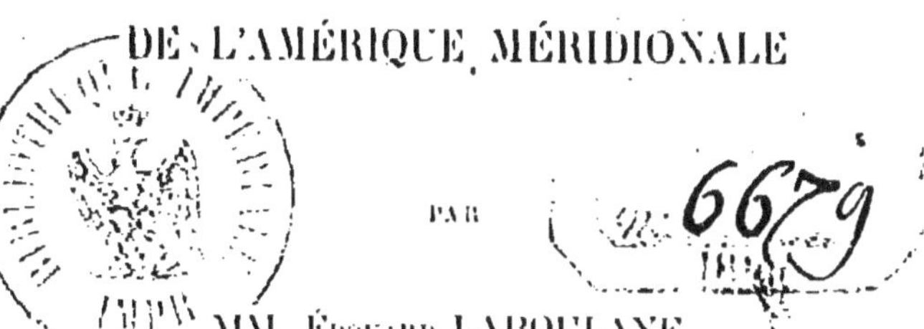

PAR

MM. Édouard LABOULAYE,

Jules SIMON, Arthur MANGIN et Th. MANNEQUIN.

---

PARIS

IMPRIMERIE DE A. PARENT,

Rue Monsieur-le-Prince, 31.

1869

# CONFÉRENCE

AU PROFIT

## DES VICTIMES DU TREMBLEMENT DE TERRE

DE L'AMÉRIQUE MÉRIDIONALE

PAR

MM. ÉDOUARD LABOULAYE, JULES SIMON, ARTHUR MANGIN
ET TH. MANNEQUIN.

Le 24 février, à 8 heures du soir, se réunissait, dans la salle Herz, un public nombreux qu'attirait le double motif d'une sympathie profonde pour les malheurs de l'Equateur et du Pérou, en 1868, et d'un attrait puissant pour deux grands orateurs de notre temps, MM. Edouard Laboulaye et Jules Simon.

La réunion était présidée par M. Laboulaye. A ses côtés, se rangeaient, avec les conférenciaires ses associés, les personnes par les soins de qui le public avait été invité à cette œuvre de bienfaisance ; c'étaient M. Fourquet, Consul général de l'Equateur, le général Torrico, ancien Président du Pérou, M. Torres Caïcedo, Ministre-Résident des Etats-Unis de Colombie, M. Fernandez Rodella, Consul-général Chargé d'affaires du Chili, M. Gomez de la Torre, ancien ministre de l'Equateur, M. Gabriel Lafond, Consul général de Costa-Rica, M. Eugène Thirion, Consul général de Venezuela, M. Bustamante, Vice-Consul le l'Equateur, M. Jean Sescau, banquier, consignataire des huanos du Pérou, et M. Joseph Garnier, professeur d'économie politique à l'école des Ponts-et-Chaussées.

Quoique revêtus d'un caractère officiel pour la plupart, les membres de ce bureau n'avaient là qu'une mission de bienfaisance, et aucune considération hiérarchique n'a présidé à leur distribution autour de la table du président. Nous nous trompons, il y en avait une, mais celle-là n'avait rien à voir avec leur caractère diplomatique et consulaire, c'était la règle donnée par l'objet même de la conférence : le malheur dont les conférenciaires allaient entretenir le public. Heureux les pays et leurs représentants, officiels ou officieux, qui devaient, suivant cette règle, s'asseoir loin du président !

Cette observation serait oiseuse, si des réclamations ne s'étaient formulées au nom de la hiérarchie politique des membres du bureau. Au nom de la bienfaisance, au nom du malheur, au nom de l'humanité, qui n'ont pas de hiérarchie, nous réclamons à notre tour contre ces réclamations, et nous conjurons celui ou ceux de nos amis par qui elles ont pu être formulées, d'oublier le sentiment qui les a inspirées (1). Il reste encore à faire en Europe, si ce n'est au profit des victimes de la grande catastrophe du mois d'août dernier, du moins dans l'intérêt commun des républiques du Nouveau-Monde qu'agitent convulsivement les difficultés mal comprises d'un mémorable enfantement politique et social ; et, pour accomplir cette tâche, de bienfaisance également, ce n'est pas trop de tous les amis de l'Amérique espagnole et de leur bonne harmonie.

(1) Il serait à désirer que les représentants officiels du Pérou, qui manquaient à la réunion, eussent un prétexte quelconque, ne fût-ce que celui de la hiérarchie, pour justifier non-seulement leur absence de la réunion, mais leur refus de participer à son organisation. Cependant ils n'ont pas refusé de participer à ses résultats pécuniaires.

Après cette explication que nous devions à nos amis, nous nous empressons de remercier le public pour le généreux concours qu'il nous a prêté. Nous remercions également les orateurs qui s'étaient chargés de le lui rendre attrayant et profitable. M. Laboulaye qui a bien voulu présider la réunion, et M. Jules Simon, qui, pour y prendre part, a dû se soustraire à des travaux aussi accablants qu'honorables, ont été admirables comme toujours. M. Arthur Mangin, qui consentit au dernier moment à remplacer M. Elisée Reclus, qu'un malheur soudain empêchait de prendre la parole, a montré de quelles ressources son esprit fécond et nourri par la science, pouvait disposer, même sans préparation suffisante. Plus modeste, la tâche de M. Mannequin se réduisait à exposer les faits relatifs au tremblement de terre, et pour cela il n'aspirait qu'au mérite de l'exactitude, autant que le permettaient les renseignements assez imparfaits qu'il a pu rassembler. Nous devons remercier encore M$^{lle}$ Guillaumin, libraire éditeur, et M$^{me}$ Martin de Moussy, libraire, qui ont bien voulu s'occuper du placement de nos invitations, sans autre intérêt que celui que leur inspirait notre œuvre.

Les discours de chacun des conférenciaires se succèdent dans cette brochure comme dans la conférence, suivant l'ordre que l'objet en vue commandait. M. Laboulaye, président, ouvre la séance par une improvisation pleine de charme, d'esprit et d'onction tout à la fois. Ce qui caractérise particulièrement son talent oratoire, c'est l'art d'associer à une grande simplicité de diction, la grâce imagée des apologues, la finesse piquante des allusions, et la profondeur des idées. M. Mannequin fait ensuite son récit, dont le sujet éminemment touchant par lui-même, n'avait besoin d'aucune ornementation

de forme ou de style. M. Mangin, qui mêle avec bonheur l'esprit et la sobriété à la vigueur des aperçus
scientifiques, s'excuse de ne pouvoir expliquer la cause
certaine des tremblements de terre ; mais il la cherche
avec sagacité devant son auditoire, qu'il conduit tour à
tour du vieil Érèbe au vieil Olympe et des entrailles de
la terre, un autre Érèbe, aux espaces célestes, un autre
Olympe, pour interroger le feu cosmique qui fermente
sous nos pieds, sur nos têtes, partout, même dans nos
cœurs, qui anime et qui consume, qui donne la vie et la
mort, qui, toujours puissant, toujours terrible, semble
justifier l'opinion de ses adorateurs persans qui en faisaient comme une âme de l'univers. Enfin, M. Simon
prend le dernier la parole. Véritable magicien d'élo-
quence, il s'empare des imaginations qu'il tient enchaînées
longtemps même après qu'il a cessé de parler ; il les
amuse et les effraye, il les égaye et les attriste, il les berce
doucement et les passionne ; mais toujours il les instruit,
les séduit et les enchante. Sa voix voilée par la fatigue,
commence avec faiblesse, et on craint de ne pas l'entendre ; mais bientôt l'inspiration en fait vibrer les notes
avec éclat, et la salle frémit d'étonnement et d'enthousiasme. Il est des orateurs qu'on peut connaître en les
lisant. M. Jules Simon n'est pas de ceux-là ; et pourtant
quel charme dans la lecture de ses discours !

*Pour le Comité organisateur de la Conférence,*

Th. MANNEQUIN.

# DISCOURS DE M. LABOULAYE.

Mesdames, Messieurs,

Au nom des organisateurs de cette soirée, permettez-moi tout d'abord de vous remercier d'avoir répondu à l'invitation qui vous a été adressée et d'avoir bien voulu venir à cette réunion. Nous usons aujourd'hui d'un droit qui nous a été nouvellement rendu. On s'est réuni d'abord pour se revoir après une longue séparation, ensuite pour s'instruire mutuellement, pour discuter ensemble, quelquefois même pour se quereller, cela arrive aux meilleurs amis. Ce soir au contraire nous sommes réunis par un sentiment moral, par l'idée de faire une démonstration en faveur d'un peuple malheureux. Les Anglais excellent dans ce genre de réunion. Il ne se produit pas dans le monde un événement important, une catastrophe terrible sans que les Anglais se rassemblent; ils parlent beaucoup, mais ils donnent beaucoup, ils sont aussi prodigues de leur bourse que de leurs paroles. Nous, nous avions perdu l'habitude de parler, et nous avions aussi un peu perdu l'habitude de donner. — Ce qui prouve que la liberté et la générosité vont du même pas. (Assentiment.) Depuis quelque temps nous recommençons à parler, — et même nous ne parlons déjà pas mal; — il faut que nous réapprenions aussi à donner.

Vous savez quel est le but de cette réunion. Nous voulons appeler votre attention sur les malheurs qui ont frappé les Américains du Sud, et particulièrement les habitants de l'Équateur, au mois d'août dernier. M. Th. Mannequin vous racontera les faits dans toute leur vérité, — la vérité ici a des accents plus éloquents et plus terribles que tous les discours, — M. Mangin, qui remplace M. Elisée Reclus, absent pour une cause des plus tristes, frappé par une perte cruelle, vous expliquera avec sa science les lois naturelles qui régissent le terrible phénomène des tremblements de terre; enfin M. Jules Simon, que l'on est sûr de rencontrer toujours là où il y a une bonne œuvre à accomplir, ou une grande cause à défendre, terminera la soirée en faisant appel à votre générosité. Pour moi, avant de céder la parole à ces messieurs, je vous demande la permission de vous présenter quelques réflexions qui me sont inspirées surtout par la lecture des documents originaux qui nous ont fait connaître ces désastres de l'Amérique.

L'homme s'intitule quelquefois avec orgueil le rival et le maître de la nature. En un sens il a raison. Depuis le dernier siècle surtout la science a fait de grands progrès. Aujourd'hui nous avons surpris les secrets de la nature; nous savons à quelles conditions elle nous obéit. Respectons les lois qui la régissent, elle est notre esclave, oublions-les, elle nous tue. C'est le plus terrible des maîtres, ou le plus docile des serviteurs. La vapeur, par exemple, n'a-t-elle pas conquis les mers que nous traversons sur ces immenses vaisseaux auprès desquels le Léviathan n'est qu'un petit poisson? Les chars de feu n'ont-ils pas rapproché tous les peuples en sillonnant l'Europe? N'a-t-on pas fait de l'électricité le messager le plus rapide et le moins coûteux, un messager qui ne dort, ne boit ni ne mange, et qui marche toujours? Mais il vient un moment où l'on se trouve en face de ce qu'on peut appeler les forces indomptées de la nature; alors elles s'élèvent terribles et nous écrasent. C'est ce que ressentent, ce qu'éprouvent les hommes qui naviguent en temps d'orage. Emportés par les flots furieux, séparés de la mort par une planche, ils comprennent la vérité d'un proverbe espagnol qui m'a toujours frappé par sa profondeur : «Si tu veux apprendre à prier, va faire un voyage en mer! »

Vous parlerai-je ici des inondations que nous avons vu se produire quelquefois avec tant de violence : Le fleuve d'abord s'élevant lentement, emportant tout sur son passage; quelque chose de silencieux, d'inexorable, de fatal; on voit disparaître moissons, récoltes, maisons, animaux, et le fleuve monte toujours! mais qu'est-ce que tout cela à côté de cet effroyable bou-

leversement qu'on appelle un tremblement de terre? Peut-on
se figurer qu'en un moment, en un clin d'œil une ville va
s'effondrer, une population entière va disparaître? Nous sommes
placés dans un climat si doux, tellement épargné par ces
effroyables convulsions, que l'imagination même ne peut se
peindre ces réalités. Et cependant cela s'est vu même en Europe. Il y a eu, au dernier siècle, un tremblement de terre en
Portugal; il avait tellement ému nos pères qu'il me souvient
que dans mon enfance — nous étions cependant à trois quarts
de siècle de l'évènement, — les livres étaient encore pleins
des détails du tremblement de terre de Lisbonne. On voyait
partout des gravures qui représentaient la ruine de cette ville
florissante. J'ai toujours devant les yeux les colonnes, les cor-
niches écrasant les malheureux habitants. Je pourrais aujour-
d'hui vous raconter, comme je l'ai lu il y a quarante ans, le
récit de ce cruel événement, tant mon esprit en est resté
frappé. Je me rappelle ce phénomène qui se rencontre partout, en tous pays. Après le premier moment on devient fou;
les femmes abandonnent leurs enfants; on fuit au hasard, on
court à l'aventure; puis tout à coup on est pris de stupeur. Acca-
blé, on reste dans un silence morne; on n'a même pas la force
de se dire : Heureux les morts, car ils reposent; on ne pense
plus, on ne croit plus à rien, l'espérance est sortie du cœur.
Au milieu de toutes ces horreurs, des hommes s'abattent sur
les morts et les mourants, comme des oiseaux de proie,
comme des animaux de rapine; on achève les blessés, on dé-
pouille les cadavres. Et que dirai-je de l'incendie qui éclate de
toutes parts; et de la fièvre, et de la peste; toutes les misères à
la fois!..... Spectacle épouvantable, mais qui est encore au-
dessous de la vérité! (Sensation.)

Aujourd'hui, cependant, au milieu même de ces désastres,
l'homme a repris un peu plus de confiance en lui-même. Au
dernier siècle on voyait partout la vengeance céleste : C'était
Dieu qui avait frappé les malheureux Portugais. Aujourd'hui
la science nous donne des idées plus saines et plus justes, elle
nous permet de voir dans ces cruels événements le jeu de lois
naturelles, et non pas la vengeance divine. La science justifie

la Providence et l'absout. Les jugements de Dieu nous ne les connaissons pas, nous ne pouvons les apprécier; mais ce que nous savons c'est que dans les tremblements de terre il y a l'effet de lois générales, ce que nous savons c'est que l'homme qui tombe est une victime accidentelle et non pas une victime désignée! (Applaudissements.) En mourant, il garde encore l'espoir et ne se croit pas à la fois perdu et maudit! (Applaudissements.)

Toutefois n'y a-t-il pour l'homme que cette consolation de connaître un peu mieux sa misère? N'y a-t-il pour lui d'autre avantage que de dire avec Pascal : « Quand l'univers l'écraserait, l'homme serait encore plus noble que ce qui le tue, parce qu'il sait qu'il meurt, et l'avantage que l'univers a sur lui, l'univers n'en sait rien?» Ce serait là une consolation par trop stoïque. N'y en a-t-il pas une autre plus glorieuse pour l'humanité? Si au milieu de ces événements on est attristé par les crimes de quelques misérables, on est consolé par de grands exemples de vertu et de générosité. Tant que nous n'avons pas vu le malheur d'autrui, nous ne savons pas de quels sacrifices notre cœur est capable; mais, quand nous voyons souffrir de près, quand la douleur est sous nos yeux, alors toutes les sources vives de notre âme s'ouvrent et coulent en même temps. A la nouvelle du désastre de l'Équateur, un pays voisin, le Pérou, ravagé lui-même et désolé par les tremblements de terre, se sent animé d'une généreuse pitié. Pour réparer ses propres désastres, le Pérou avait voté 500,000 fr. de premières dépenses. Pour secourir ses amis de l'Equateur, le Pérou s'impose d'une somme égale, et non-seulement il envoie 500,000 fr., mais il offre sa garantie pour un emprunt de cinq millions. Les négociants se réunissent, ils rassemblent une somme de 100,000 fr. Enfin un navire français, — nos braves marins sont toujours prêts quand il y a une bonne action à faire, — un navire qui s'appelle *la Mégère* et qui ne fut jamais plus mal nommé, se hâte de porter cet argent, des vivres, et, ce qui vaut mieux encore, va rendre l'espérance aux victimes de l'Equateur. Certes, dans les annales du Pérou, il y a de belles pages, mais je n'en connais pas de plus glorieuse que celle-là ;

je ne crois pas que l'histoire nous offre un plus noble exemple de fraternité : le Pérou a acquis par sa générosité une place d'honneur dans le rang des nations. (Applaudissements.)

Je crois que nous autres, Français, nous sommes faits pour comprendre toute la grandeur d'une pareille conduite, et je suis heureux de dire à mon illustre voisin, le général *Torrico*, ancien président du Pérou, que la France honore, respecte et félicite le Pérou ! (Applaudissements.)

Mais nous, Messieurs, n'avons-nous rien à faire? Faut-il nous renfermer dans une stérile pitié? Ne pouvons-nous témoigner de notre sympathie? Il y a là pour nous un devoir à remplir, et j'oserai le dire, un devoir tout particulier pour des Français. Aujourd'hui, plus que jamais, les divisions nationales disparaissent; en se rapprochant, les peuples sentent mieux le lien qui les unit, et je ne doute pas que dans cinquante ans, quand nos enfants feront le tour du monde par partie de plaisir, ils ne sentent plus vivement encore que tous les hommes sont de la même famille et qu'ils sont faits pour se secourir et pour s'aimer. (Bravos.)

Mais enfin parmi les peuples, je dirai que si tous sont nos frères, il en est quelques-uns qui sont, pour nous autres Français, des frères plus proches, des fils de la même mère; ce sont ceux qu'on appelle peuples de *race latine*. — A dire vrai, je n'aime pas trop ce mot de *race*, il ressemble beaucoup à celui de noblesse ; ce sont des mots qui divisent. Aujourd'hui trop souvent on parle de sa race, comme autrefois on parlait de sa noblesse, la main sur la garde de son épée et toujours prêt à se battre. (Applaudissements.)

D'ailleurs ce mot de race est une erreur; il suffit d'étudier l'histoire pour voir que, nous autres, Espagnols et Français, nous ne sommes pas des peuples de race latine, mais, ce qui est fort différent, des peuples de langue latine. La langue que nous parlons est celle que nous avons reçue des Romains, et à vrai dire, aujourd'hui, avec des désinences diverses, Italiens, Espagnols, Français, parlent à peu près la même langue. C'est cette ressemblance qui atteste notre fraternité.

J'entends dire souvent qu'en lisant les écrivains modernes

de l'Espagne ou de l'Italie, on se plaint de n'y plus retrouver les belles formes de langage du xvi° siècle ; on dit que les gallicismes y dominent. On ne s'aperçoit pas qu'un même progrès de civilisation a rapproché les peuples et les langues. Les Espagnols du xix° siècle parlent comme les Français du xix° siècle, parce qu'ils ont le même esprit et qu'ils ont le même instrument pour rendre leurs pensées. Le rapprochement du langage répond à la communauté des besoins, des idées, des sentiments. J'ai donc raison de dire que l'Amérique espagnole est de notre famille ; les Américains sont des frères plus jeunes, si vous voulez, mais enfin ce sont des frères ; ils sont de notre sang, nous devons avoir pour eux un redoublement de sympathie, il faut les aimer plus tendrement.

Mais, dira-t-on peut-être, il est bien tard pour s'occuper de l'Equateur ; il y a bien longtemps que l'événement est arrivé. A Paris, centre des nouvelles du monde entier, les événements se précipitent avec furie, chaque matin on veut trouver dans son journal au moins une révolution ou un changement de dynastie. Que n'attend-on pas du journal et des journalistes ? (Rires.)

Sans doute un événement qui date de l'année dernière est déjà bien vieux pour nous, mais c'est une raison de plus pour agir, une raison de plus pour apporter notre offrande si modeste qu'elle soit. Permettez-moi une comparaison. Quand une veuve perd l'enfant qu'elle aime, le premier jour elle est entourée de ses parents, de ses amis ; on vient à son secours ; on a peur qu'elle ne s'ennuie, qu'elle ne reste seule avec ses larmes. Tout cela, c'est le premier moment. Mais viennent ensuite les réalités de la vie : la veuve est isolée, on ne s'occupe plus d'elle. Supposez qu'au milieu de cet abandon une voix amie se fasse entendre, qu'une personne éloignée arrive ou écrive, alors vous voyez le cœur de la veuve s'ouvrir à cette consolation qui vient la chercher dans cette solitude et qui lui paraît plus douce que les consolations du premier jour. Eh bien, cette veuve, c'est l'Equateur. Il y a eu aux premiers jours des amis bons et ardents qui sont venus au secours de cette victime désolée, mais la douleur reste, et toutes les pertes ne sont point réparés. Croyez-vous qu'une voix qui viendra de France ne sera pas entendue? qu'une main généreuse étendue à travers l'Océan ne sera pas serrée comme la main d'un ami? Messieurs, il y a là pour nous un devoir à remplir, il y a du bien à faire. Il faut que là-bas on entende parler de la France, il faut qu'on nous aime, il faut que sur les bords de cet Océan Pacifique, — si souvent troublé, ravagé par la politique, — le pêcheur, le marin, voyant un navire avec les couleurs tricolores, se dise : « Ceux-là sont des frères, ceux-là sont des amis, ils ont pensé à nous dans l'adversité ! »

Voltaire, vieux et fatigué, n'ayant plus grand souci de sa renommée, disait :

« J'ai fait un peu de bien, c'est mon plus bel ouvrage. »

Je pense aussi que le bien est la seule chose qui reste, et c'est la pensée sur laquelle je voudrais terminer ce discours. Les passions nous séparent; la politique nous divise, la poussière des intérêts nous éblouit, mais il vient toujours un moment où l'homme reconnaît son frère dans un autre homme : c'est quand la douleur nous frappe nous-mêmes ou quand elle abat nos semblables. Alors on sent que l'on est de la même famille, on se rapproche les uns des autres, on se serre les mains, on se console mutuellement. Ces heures-là, croyez-le, sont les heures les plus belles et les plus douces de la vie, elles sont les seules qu'on ne regrette jamais. Envoyons donc des consolations, des encouragements, des secours à nos frères de l'Équateur, et gardons pour nous cette devise qui doit être celle de l'humanité : « Aimons-nous, aidons-nous. » (Applaudissements prolongés.)

Je vais donner la parole à M. Th. Mannequin qui vous fera l'histoire des faits qui se sont passés à l'Équateur. Tandis qu'il parlera, on quêtera dans le milieu de la salle; en outre, en sortant, vous trouverez des quêteuses qui seront, n'en doutez pas, honorées de recevoir vos offrandes.

# DISCOURS DE M. MANNEQUIN.

Le tremblement de terre qui, dans le mois d'août dernier, a si profondément affligé deux républiques de l'Amérique méridionale, le Pérou et l'Équateur, est un des plus lamentables et à la fois des plus étonnants que l'histoire fasse connaître.

Il nous saisit tout d'abord par l'immensité de son champ d'action. Il ébranle en même temps la Patagonie et la Californie, les provinces orientales de la Bolivie et les bords de l'Océan Pacifique. On assure même qu'il s'est fait sentir jusque dans l'Australie. Son domaine, en Amérique seulement, peut avoir 80 degrés de latitude sur 10 de longitude, en moyenne, ou 500,000 lieues d'une superficie allongée, dont la chaîne continue des Cordilières et des Montagnes Rocheuses occupe le milieu.

Il ne nous saisit pas moins par la bizarrerie de ses effets. Il procède par bonds, du sud au nord, de l'ouest à l'est, frappant ou épargnant suivant une loi inconnue, qui nous semblerait capricieuse si nous ne savions que ses caprices ne sont que des illusions de notre ignorance. Ainsi, il se montre avec assez de violence dans le port chilien de Talcahuano, situé au sud de Valparaiso, tandis qu'on le soupçonne à peine à Valparaiso; il reparaît à Coquimbo, au nord de Valparaiso, mais moins violent qu'à Talcahuano. Au nord de Coquimbo, dans le port bolivien de Cobija, il se contente d'agiter la mer; il ébranle doucement toute la Bolivie, sans y causer d'accident grave, excepté dans les régions supérieures de la Cordillère, autour des pics neigeux du Tacora et du Sajama, où cependant il ne cause que des dommages matériels; mais au Pérou il est terrible. Au Pérou, toutefois, il ne frappe que le sud et seulement la partie occidentale de la Cordillère. Il détruit deux grandes villes de l'intérieur, et tous les ports de la côte entre la Bolivie et les îles de Chincha. Lima et le Callao souffrent quelque peu de ses atteintes, le Callao surtout, dont le port est inondé par la mer; mais il épargne la côte au nord du Callao et tout le massif des Andes. On y sent bien la commotion, mais il n'en résulte aucun dommage. Il en est de même dans l'Équateur. Là, c'est le sud qu'il épargne ainsi que toute la côte; dans le nord, au contraire, il est plus terrible encore que dans le sud du Pérou. Il secoue rudement Quito et ses environs et détruit presque entièrement la province d'Imbabura. Entre cette province et le sud du Pérou, il n'y a pas moins de 16 degrés de latitude. Plus de 400 lieues séparent donc les deux parties du continent américain que le fléau a frappées avec le plus de violence. On dirait que, semblable à la foudre, sa violence grandit avec les solutions de continuité de son parcours superficiel.

La bizarrerie de ses effets se montre également dans le temps de ses apparitions ou plutôt de ses violences, car on le sent un peu partout quand il est violent, mais il n'est pas également violent partout. Du reste, il agite le sol pendant plus de quinze jours, là où il a été le plus violent, et, pendant les premiers jours qui suivent sa violence, il l'agite avec assez de force souvent pour faire redouter de nouveaux désastres. On peut dire, au point de vue de sa violence, qu'il bondit dans le temps comme dans l'espace. Ainsi, on le ressent au Pérou, dans toute la Bolivie et au Chili, le 13 août au soir, mais c'est à quatre heures quarante-cinq minutes qu'il détruit la ville péruvienne de Moquegua, tandis que Arequipa, autre ville péruvienne, ne s'écroule qu'à cinq heures quinze minutes. Tous les autres points du Pérou en sont atteints à la même heure qu'Arequipa, et Talcahuano, au Chili, ne le ressent qu'à neuf heures. La partie de la Bolivie qui éprouva des dommages matériels en est ébranlée six jours plus tard, le 19 août. Dans l'Équateur, c'est le 16 août, à une heure du matin, qu'il détruit les principales villes de la province d'Imbabura et qu'il maltraite Quito, mais, dans le canton de Tulcan, province d'Imbabura, il ruine deux paroisses, situées sur la frontière de la Nouvelle-Grenade, le 15, à trois heures du soir.

Il est peut-être plus étonnant encore dans son action sur les eaux de la mer. Dans un pays comme le Pérou, où les marées ne se font pas beaucoup sentir, il occasionne des phénomènes qui rappellent la destruction de Pharaon et de son armée dans la mer Rouge. Le commandant du vapeur de guerre péruvien *America*, qu'il jette à la côte à Arica, raconte que, quelque temps après la destruction partielle de ce port, par son action sur le sol, des courants alternatifs du sud et du nord se firent sentir dans la rade avec une intensité toujours croissante pendant plusieurs heures. Quand ils venaient du sud, ces courants inondaient le rivage et la ville ; quand ils venaient du nord, ils laissaient la baie à sec avec tous les navires qui s'y trouvaient à l'ancre. Ils duraient de cinq à dix minutes. Le premier avait une vitesse de cinq nœuds et demi ou 2 lieues à l'heure. Celui qui jeta l'*America* à la côte, à sept heures, atteignit la vitesse de onze nœuds et demi ou 4 lieues à l'heure. Il lança le vapeur, dont il avait fait rompre les chaînes, à plus de 100 mètres du rivage, où la mer en se retirant le laissa à sec, à côté d'autres navires qui partageaient son sort, à 1 mille du vapeur des États-Unis, le *Wateree*, qui n'avait pas pu tenir aussi longtemps contre le phénomène. Des phénomènes semblables, avec des intensités variables et à des heures différentes, se produisirent sur toutes les côtes du Pérou, de la Bolivie et du Chili, et jusqu'en Californie. C'est à leur violence plus encore qu'au tremblement de terre qu'est due la destruction des ports péruviens.

Maintenant nous allons voir le fléau sous son aspect le plus lamentable, c'est-à-dire quand il frappe l'homme et ses œuvres.

A Talcahuano, sur toute la côte du Chili et de la Bolivie, et à l'intérieur de ces deux pays, il ne cause tout au plus que des dommages matériels. Au Pérou, il détruit la grande et populeuse cité d'Arequipa ; il frappe avec une violence presque égale la ville de Moquegua. Tous les ports de la côte péruvienne entre la Bolivie et le Callao sont ruinés, partie par les secousses qu'il imprime à la terre, partie par les débordements de la mer qu'il soulève. Iquique, Pisagua, Ilo, Arica, Islay, Chala, etc., sont frappés au même instant. La ville d'Islay, située sur une falaise élevée, est épargnée par l'inondation, mais son port est anéanti. Sur la plage d'Arica gisent pêle-mêle les épaves de la ville et du port, les agrès des navires naufragés, l'artillerie des batteries submergées, les charpentes des maisons écroulées et balayées par les flots, les colis des magasins effondrés de la douane, les tessons des amphores brisées qui contenaient le vin et l'eau-de-vie, principale richesse de la côte sud du Pérou, et mille objets semblables. Là, gisent aussi les cadavres des malheureux surpris par la mort au sein de leurs occupations journalières de la terre et de la marine.

Un malheur ne vient jamais seul, dit le proverbe, et cette fois le proverbe est d'une vérité qui épouvante.

Il est rare qu'un tremblement de terre ne soit pas suivi d'un incendie. Sur tant de maisons écroulées, où sont allumés des feux de cuisine tout au moins, quel espoir qu'ils ne se communiqueront pas quelque part aux charpentes tombées, et qu'ils ne s'étendront pas aux ruines voisines ?

Un autre fléau qui accompagne également les tremblements de terre, c'est la poussière. Celui-ci paraît moins terrible que l'incendie ; il est moins effrayant, mais plus destructeur peut-être, en Amérique surtout où les maisons sont construites communément en briques de terre végétale séchée au soleil. La poussière étouffe plus de monde au sein des décombres que les décombres n'en écrasent et que l'incendie n'en dévore.

Voici pourtant d'autres fléaux accessoires des tremblements de terre, digne génération de ces tempêtes intérieures du globe, c'est la faim, la soif, le froid, la peste, et, puisqu'il faut tout dire, le vol. La faim et le froid s'expliquent aisément, là où sous les abris écroulés restent ensevelis aliments, literie, vêtements, etc. Le typhus s'explique à son tour par les privation et le voisinage des cadavres en putréfaction sous les ruines ; mais la soif et le vol demandent des explications particulières.

La côte du Pérou, partout où de rares cours d'eau ne viennent pas en rompre la désolante monotonie, est aride et desséchée

il n'y pleut jamais! Cependant il faut y entretenir des rela-
tions avec l'intérieur. Là donc où les exigences du commerce
commandaient l'établissement d'un port, en même temps que
la configuration du rivage le permettait, on a fondé des villes;
mais quelques-unes de ces villes ne peuvent rien tirer du sol
qui les environne, pas même l'eau douce qu'elles font venir de
très-loin ou qu'elles obtiennent en distillant de l'eau de mer.
Le tremblement de terre, en détruisant une partie des machines
à distiller et en désorganisant les autres, laissa ces dernières
villes en proie au supplice de la soif, plus cruel, assure-t-on,
que la faim.

Le vol, ah! voilà un triste aveu à faire! le vol est la première pensée de certains hommes en présence des épouvanta-
bles calamités qu'apportent les tremblements de terre! Et ces
hommes sont assez nombreux pour mépriser les menaces de
ceux qu'ils dépouillent, assez farouches pour rester sourds aux
gémissements, aux supplications des victimes encore ensevelies
sous les décombres qu'ils pourraient sauver, assez infâmes quelquefois, qui le croirait? pour les mutiler quand ils ne peuvent
leur ravir autrement les bijoux qu'elles portent aux doigts et
aux oreilles. Hélas! oui, le vol, sinon l'assassinat, est un
fléau inséparable des tremblements de terre, comme l'incendie,
la faim, le froid et le typhus!

Avec tout cela pourtant, les pertes du Pérou sont principalement matérielles; c'est tout au plus si on peut compter dans
ce pays quelques centaines d'existences perdues. C'est beaucoup
déjà, sans doute; mais l'Equateur en compte cent fois plus! Le
Pérou doit ce bonheur exceptionnel à cette circonstance que
le tremblement de terre le frappa partout vers cinq heures du
soir, au moment où les populations, éveillées et debout, pouvaient en sentir les premiers symptômes et s'y soustraire par
la fuite.

L'Equateur, plus malheureux à tous égards, fut frappé au
milieu de la nuit; on peut croire d'ailleurs que les trépidations
du sol y furent plus soudaines et plus violentes. A Otavalo,
en effet, c'est la première secousse qui renversa la ville. Les
premières dépêches qui informent le gouvernement central des

malheurs d'Imbabura ne datent que du 17 et du 18, trente et cinquante heures au moins après l'événement; jusque-là on n'avait pu trouver ni encre, ni papier pour écrire, ni messager pour porter la nouvelle. Leur laconisme témoigne de la stupeur dont restent encore frappées les autorités qui les rédigent; mais ainsi elles sont plus émouvantes, plus poignantes cent fois que les rapports détaillés qui leur succèdent.

« Monsieur le Ministre, dit le gouverneur d'Imbabura, au milieu de la consternation de quelques personnes restées vivantes, et au sein des ruines de ce pays, je vous écris pour vous informer que, dimanche, à une heure du matin, la ville entière d'Ibarra fut renversée par un tremblement de terre. Il ne reste de ce pays que des décombres et la sixième partie peut-être de la population. Ceux qui survivent se comptent, et la plupart d'entre eux ont été ensevelis sous les ruines et sont blessés.

« Les pays voisins sont également détruits.

« Les tremblements continuent d'heure en heure.

« Plus tard, je pourrai vous communiquer les détails de cette épouvantable catastrophe. Jusqu'à présent, je n'avais pu me procurer ni encre ni papier pour vous écrire, ni un messager pour vous porter ma lettre. »

Le chef politique du canton d'Otavalo écrit à son tour, le 18, pour annoncer la ruine complète de son pays, et il ajoute : « Les mouvements de la terre sont continuels, au point qu'on n'en sait plus le nombre. Le premier fut si violent qu'il renversa la ville entière et que toute la population resta ensevelie à l'exception de cinq personnes. Des malheureux ensevelis, quelques-uns sont parvenus à s'arracher des ruines en s'aidant réciproquement ; mais tous sont mutilés et incapables de secourir les autres qui gémissent et meurent à côté d'eux. »

Voici un rapport avec des détails navrants. Son rédacteur, chef d'une commission médicale, écrit *du lieu où fut Otavalo*, expression qui rappelle ce fameux vers de Virgile: *Et campos ubi Troja fuit*, et les champs où fut Troie. Il déclare que, des secours n'ayant pu être portés à temps pour retirer les morts de dessous les décombres et les enterrer, il faut les laisser, afin d'éviter la peste. Il ajoute que les Indiens se refusent à travailler, et que les blancs, en petit nombre, qui ont survécu au désastre sont tellement abîmés dans la douleur et le désespoir qu'ils ne savent que pleurer sur les ruines où gisent les cadavres de leurs parents. Il parle également du pillage des ruines.

Je ne m'étendrai pas davantage sur les particularités de cet immense malheur; je ne pourrais que nuire à l'intérêt que je veux exciter. Je dois même réduire les chiffres exagérés qu'on avait publiés. Dans toute la province d'Imbabura, je ne parle pas de Quito et de ses environs où le mal est incomparablement moins grand, où cependant on compte environ 500 victimes, dans toute la province d'Imbabura, dis-je, le nombre des morts, imparfaitement connu encore, n'excède pas 20,000; il y a même lieu d'espérer qu'il n'atteint pas ce chiffre; c'est loin de 40, 50 et même 60,000, comme le bruit en a couru, mais c'est déjà bien douloureux, si on tient compte surtout des conditions économiques du pays et de la densité de sa population. 20,000 âmes, c'est à peu près le tiers de la population qui occupait la contrée si cruellement éprouvée. Avec une population plus dense, le nombre des morts pouvait grandir dans une proportion effrayante; et si le fléau avait eu partout la même intensité qu'à Otavalo, il n'aurait pas laissé 5,000 survivants. Un pareil fléau coûterait à la France entière environ 25 millions d'âmes, et à une ville comme Paris, où la population est extrêmement dense, il n'en coûterait pas moins de 1,600,000 sur 1,700,000!

Il est bien entendu que tous les fléaux dont j'ai parlé précédemment comme conséquences forcées du tremblement de terre se sont produits à l'Equateur comme au Pérou; mais à l'Equateur, ils se sont produits avec des circonstances plus tristes encore qu'au Pérou. La province d'Imbabura est située dans la Cordillère; elle se compose de trois cantons divisés en vingt-cinq paroisses. Quelques paroisses ne sont accessibles que par des routes d'une pratique difficile en tout temps et que le tremblement de terre avait détruites, ou par des ponts qui s'étaient écroulés; en sorte qu'elles étaient restées sans communication avec le reste du pays pendant plusieurs jours. Dans cette situation, elles ont vu s'ajouter à l'horreur du mal commun qui les avait frappées, l'horreur exceptionnelle de la solitude et de l'abandon. Presque toute la province restera longtemps privée des ressources ordinaires de l'agriculture et de l'industrie manufacturière qui faisaient toute sa richesse : les travaux dont dépendait l'irrigation artificielle de ses champs, les canaux, les aqueducs, les réserves d'eau, etc., sont détruits et il faudra du temps et des capitaux pour les rétablir; d'ailleurs, dans certaines parties, et ce sont les plus fertiles, la terre est restée déchirée en tous sens par des fissures nombreuses, larges et profondes, ou couverte par des éruptions de boue, et on ne peut plus l'exploiter régulièrement; les métiers à tisser, les sucreries, les magnaneries, etc., sont perdus; en un mot, la province la plus riche et la plus industrieuse de l'Equateur après les provinces de Guayaquil et de Quito, la contrée que les écrivains du pays appellent des beaux noms de mère de l'indépendance et foyer du patriotisme équatorien, est presque anéantie. Ajoutons à tout cela que les secours, si prompts et si abondants au Pérou, ainsi que nous allons le voir, se sont fait attendre à l'Equateur et y ont été d'une insuffisance désespérante.

J'ai parlé d'exagération, je veux en rappeler quelques exemples qui intéressent tout le monde comme un trait caractéristique du sujet qui nous occupe.

Les grandes calamités produisent sur l'imagination l'effet étrange de nous inspirer une sorte de besoin d'en grossir les proportions. C'est à cela sans doute que nous devons d'avoir lu dans les journaux la nouvelle, heureusement sans fondement, que les villes péruviennes du Cuzco de Huancavelica, Puno, le Cerro de Pasco et autres avaient été complétement anéanties. On a été plus loin, on a dit que l'une de ces villes avait entièrement disparu dans les abîmes d'un gouffre et remplacée par un lac, à peu près comme la mer Morte a remplacé, dit-on, certaines villes de la Genèse détruites par la colère céleste. Il y a plus encore : on aurait vu à l'heure de la destruction de l'une de ces mêmes villes, Iquique, je crois, les momies indiennes d'un cimetière voisin errer en procession autour des ruines (1).

Dans cette dernière nouvelle, si on peut appeler cela une nouvelle, il y a autre chose que de l'exagération, il y a de la superstitution; mais l'exagération et la superstitution sont sœurs : toutes deux doivent l'existence à l'ignorance et à la frayeur. J'ai été moi-même témoin de phénomènes de cette nature, en ce sens que j'ai pu en interroger les véritables témoins sur les lieux mêmes où ils se sont produits et peu de temps après leur naissance, alors que le souvenir en était encore tout vivant dans les esprits. Je veux en dire ici quelques mots.

Il y aura huit ans le mois prochain, je traversais l'Amérique méridionale pour me rendre du Chili à la République argentine. Sur mon passage se trouvait la ville ou plutôt les restes informes de la ville de Mendoza, détruite quelques jours avant par un tremblement de terre. Les ruines avaient encore l'aspect indescriptible de la première heure, et de leurs cavités s'exhalait l'odeur intolérable de la putréfaction des cadavres qu'elles renfermaient par milliers. J'aurais pu être moi-même victime du fléau sans un retard qui m'arrêta au Chili quelques ours de plus que je ne devais y rester.

J'ai vécu une semaine entière avec les survivants de la malheureuse population mendozinienne; j'ai campé avec eux sous des abris improvisés; j'ai constaté, à mon grand étonnement, la stoïque indifférence qui avait succédé dans leurs âmes aux impressions et aux terreurs les plus insensées, et il m'a fallu leur propre témoignage pour croire à de telles alternatives de la pensée et du sentiment chez l'homme (2). Ces mêmes populations, qui voyaient d'un œil sec leur cité convertie en hideuse nécropole, qui parlaient avec une froide tranquillité d'esprit dont j'étais confondu, presque indigné, de

(1) Le terrain des environs d'Iquique a la propriété de conserver les cadavres comme s'ils étaient embaumés. Quelques-uns de ces cadavres, déterrés par le tremblement de terre et l'inondation, auront probablement servi de thème à cette histoire mystique.

(2) Le même phénomène psychologique a été observé au Pérou et à l'Équateur.

leurs pères, de leurs mères, de leurs enfants, de leurs frères, de leurs amis gisant à côté d'eux sous les décombres empestés de leurs foyers anéantis, ces mêmes populations, pendant toute une nuit, avaient été en proie aux aberrations superstitieuses et folles de l'ignorance et de la frayeur ; elles avaient cru à la fin du monde....

Je ne veux rien dire ni des hommes capables de se laisser aller à de pareilles aberrations, ni de l'éducation qui les suggère, mais je rappellerai que l'erreur, quelle que soit son excuse, a toujours des conséquences déplorables. Celle-ci a eu cette conséquence profondément lamentable qu'elle détourna ceux dont elle paralysait la raison et le cœur du soin, du devoir de secourir les malheureux qu'ils auraient pu sauver. Suivant les calculs les plus modérés, elle a dû coûter plusieurs milliers d'âmes à l'humanité. Pendant toute une nuit, une longue nuit, un siècle, on put voir des êtres sensibles, jouissant de la plénitude de leurs facultés physiques, assister impassibles aux angoisses, aux tortures, à l'agonie de leurs semblables, de leurs amis, de leurs parents, qu'ils pouvaient arracher à la mort ! Livrés aux pusillanimes terreurs de la superstition, ils ne voyaient pas, n'entendaient pas, ne sentaient pas, ne pensaient pas...; que dis-je? ils pensaient à la colère du ciel et demandaient miséricorde ! Il s'en trouva pourtant parmi eux qu'une invincible puissance de sentiment préserva de l'erreur commune et de ses lâches frayeurs, et qui firent des prodiges de dévouement; mais ceux-là, je me hâte de le dire à l'honneur du sexe mal à propos réputé faible, ceux-là étaient principalement des femmes; c'étaient des mères, des sœurs, des épouses, qu'animait une passion plus forte que la superstition, l'amour. Quand la raison fait défaut, la passion seule peut triompher de la passion; or, on n'en saurait douter, à la femme appartient la véritable palme de l'héroïsme qu'enfantent les grandes passions.

Voici un autre fait de même nature et engendré par les mêmes circonstances. Celui-ci a cela de particulièrement étrange que le grotesque et le sublime s'y touchent et s'y confondent.

Un homme, un mendiant je crois, s'était enivré dans la journée du 20 mars (c'est le 20 mars 1861, à 9 heures du soir, que Mendoza fut détruite), et il était allé dormir dans un champ de luzerne, à cinquante pas de la ville. La ruine s'était consommée, le sol s'était violemment agité sous lui sans qu'il s'éveillât ; enfin il se réveille vers le milieu de la nuit. Jugez du tableau qui frappe à la fois tous ses sens. A la lueur sinistre de l'incendie, et à la place de la ville dont il cherche en vain les murs, les maisons, les édifices, il voit un hideux pêle-mêle de débris que la raison la plus exercée et la plus maîtresse d'elle-même serait impuissante à décrire, et de ce chaos il entend s'élever vers le ciel l'effroyable clameur des malheureux qui vont mourir. Lui ne songe pas à la fin du monde, mais il se croit mort, et il croit avoir sous les yeux le spectacle de l'enfer ou du purgatoire !...

J'arrive à cette partie de mon récit où je n'ai plus à vous entretenir que de choses consolantes ; je veux parler des secours portés spontanément et sur-le-champ aux victimes du Pérou et de l'Equateur.

Au Pérou, l'assistance s'improvise avec une rapidité et une puissance admirables ; d'ailleurs tout se prête à ses efforts. Cette république est relativement riche, très - riche, comparée à l'Equateur surtout. Le fléau a frappé principalement ses côtes et ses côtes méridionales, c'est-à-dire la partie de son territoire dont les communications avec la capitale sont le plus faciles, et qui est encore voisine de la Bolivie et du Chili, deux républiques amies qui pouvaient et qui allaient s'empresser de lui porter secours. Enfin, elle a une flotte, et dans ses ports stationnent ordinairement, au mois d'août notamment, époque de l'hivernage, la plupart des navires de guerre étrangers. Ainsi, tout concourt à atténuer le mal qui l'atteint. Son gouvernement dispose immédiatement de 100,000 soleils (500,000fr), et, indépendamment de cela, il fait réunir des vivres, des vêtements, des médicaments en abondance. La charité privée n'est ni moins empressée, ni moins généreuse. Des souscriptions sont ouvertes partout. Deux citoyens donnent chacun 50,000 soleils, et en outre, comme le gouvernement, ils fournissent à leurs frais des secours en nature. Ces deux généreux citoyens s'appellent Miegs et Calderon. J'en pourrais citer d'autres, mais je troublerais dans cette salle même des modesties qui veulent rester cachées. Les étrangers se groupent par nationalités sous la direction de leurs consuls pour obéir au même mouvement. Il n'est pas jusqu'aux Chinois, dont la position est si modeste au Pérou, qui n'apportent leurs collectes. Les opulents consignataires du huano offrent sans condition 500,000 piastres au gouvernement péruvien. Les navires de guerre étrangers se mettent à sa disposition pour porter les hommes et les choses sur le lieu du sinistre, et leurs commandants, leurs médecins, leurs officiers, leurs équipages rivalisent de zèle pour ce service de dévouement.

La France a le bonheur de compter deux navires de sa flotte, *le Lamotte-Piquet* et *la Mégère*, qui prennent part à cette grande œuvre de charité. Un autre navire français, *le Siam*, mouillé dans le port d'Iquiqué au moment du fléau, a rendu des services qui lui ont mérité les plus chaleureuses actions de grâce de la part des habitants de cette ville. La compagnie des bateaux à vapeur du Pacifique n'a pas seulement mis son matériel et son personnel à la disposition immédiate du gouvernement péruvien, elle a encore réduit de moitié, et pendant trois mois, ses prix de transports entre le Callao et les ports du Pérou atteints par le fléau. Le gouverneur bolivien de Cobija s'empressa d'expédier des secours en nature. Le Chili, pour qui c'est comme une tradition de soulager les victimes des tremblements de terre, car le premier, en 1861, il arriva à Mendoza qui manquait de tout, le Chili prit aussitôt des mesures pour secourir ses amis et ses alliés du Pérou. La corvette *Covadonga*, qui portait de l'eau et des vivres aux Chiliens d'Atacama, reçut l'ordre de changer de destination et de se rendre au Pérou pour y déposer son précieux chargement. Le commerce de Valparaiso envoya immédiatement à son tour des secours en nature et en argent.

Ce spectacle si beau de la charité nous émeut plus encore peut-être que celui du malheur; en tous cas, l'émotion qu'il nous cause est bien douce, bien consolante, et elle rachète dans nos âmes bien des misères que d'autres spectacles y apportent !

Dans l'Équateur, nous voyons les mêmes sentiments de compassion, le même zèle, la même charité; mais, hélas! nous n'y voyons ni les mêmes moyens, ni les mêmes circonstances favorables, ni la même rapidité d'action, et le mal est incomparablement plus grand ! Les contrées équatoriennes frappées par le fléau sont d'un accès difficile; les routes qui y conduisent sont mauvaises, sinon détruites, et le gouvernement dispose à peine de quelques ressources budgétaires dont les services ordinaires souffriront. D'autre part, le pays tout entier est la proie d'une crise commerciale qui dure depuis plusieurs années, en conséquence de la guerre avec l'Espagne. Les souscriptions privées donnent peu, malgré le concours touchant que leur prêtent de simples journaliers et jusqu'à des mendiants. En somme, avec beaucoup de temps et d'efforts, l'Équateur ne réunit pas la vingtième partie des ressources que le Pérou réalisait en un moment et sans privations ! Fatalité de la misère qui rend les maux d'autant plus grands que les malheureux qui en sont frappés sont plus incapables de les supporter !

Mais voici qui soulage nos cœurs affligés du spectacle d'une si grande détresse : le Pérou, honneur au pays capable d'une pareille magnanimité! le Pérou n'apprit pas plus tôt l'immensité du mal qui frappait ses voisins que, oubliant pour ainsi dire ses propres souffrances, il vote d'enthousiasme 100,000 soleils pour le secourir. Il n'en avait pas voté davantage pour lui-même. Il fit plus, il offrit au gouvernement équatorien sa garantie pour l'emprunt d'un million de piastres. En outre, des souscriptions privées y produisirent immédiatement une centaine de mille francs que *la Mégère* porta à Guayaquil avec d'autres secours. M. Antonio Flores, ministre de l'Équateur au Pérou, s'empresse de témoigner, au nom de son gouvernement et de ses concitoyens, la profonde gratitude que lui inspirent la générosité sans exemple du gouvernement péruvien et le dévouement des marins de *la Mégère*.

Voici les considérants de l'un des décrets du congrès péruvien concernant les secours dont je viens de parler; rien ne peut donner une idée plus juste et plus complète de la magnanimité du Pérou que les termes simples, nobles et généreux dans lesquels ils sont rédigés :

*Considérant,*

*1° Que les peuples aussi bien que les hommes doivent s'aider réciproquement dans les circonstances calamiteuses auxquelles ils sont exposés;*

*2° Que l'Équateur est uni au Pérou par des liens étroits qu'il convient de fortifier au moyen de grandes manifestations de cordialité ;*

*3° Que le traité d'alliance célébré avec le Pérou et le Chili a causé de graves préjudices à l'industrie de l'Équateur en lui faisant perdre le marché où s'écoulait la plus grande partie de sa production, dont la valeur est ainsi tombée de moitié ;*

*4° Que les revenus de l'Équateur sont très-limités, et, par conséquent, insuffisants pour subvenir aux besoins immenses et inattendus dérivant de la terrible catastrophe qui a détruit plusieurs de ses villes les plus prospères et frappé de mort des milliers de ses habitants.*

*Décrète.*

Je termine en rappelant un autre témoignage international de sympathie donné par les navires de guerre et les consuls étrangers dans l'Océan Pacifique en apprenant les malheurs de l'Équateur et du Pérou. Celui-ci ne soulageait pas les victimes du tremblement de terre, mais il est touchant par sa simplicité et sa lugubre signification. Je veux parler des pavillons en berne, arborés à l'arrière des navires et à la porte des consuls. Le pavillon en berne est un signe de détresse et de deuil. C'est le signal donné par un navire en mer qui demande du secours, ou la marque d'une perte douloureuse pour son équipage. Cette fois, il signifiait tout à la fois la détresse et le deuil; et quelle détresse! et quel deuil !

# DISCOURS DE M. ARTHUR MANGIN.

Mesdames, Messieurs,

Je n'ai pas besoin de vous dire que je m'associe bien sincè-
rement aux paroles si chaleureuses que mon excellent ami
M. Mannequin vient de prononcer au sujet du triste motif qui
nous prive tous d'entendre M. Élisée Reclus. Je vous demande
aussi la permission de remercier M. Mannequin des paroles
flatteuses qu'il a bien voulu m'adresser.

L'absence de M. Élisée Reclus est d'autant plus regrettable,
que ses travaux tout spéciaux l'auraient mis parfaitement à
même de vous entretenir des causes probables des tremblements de terre. M. Élisée Reclus, vous le savez, est l'auteur d'un
ouvrage récemment paru, un des meilleurs assurément qu'on
ait publiés depuis longtemps, et qui a pour titre : *la Terre*.
Outre sa compétence en matière géologique, M. Reclus a par
devers lui une érudition géographique qui lui aurait permis
de citer, à l'appui des considérations théoriques que comporte
le sujet, des faits nombreux et précis. Cette érudition me faisant défaut, je me bornerai, si vous voulez me le permettre,
à vous présenter quelques considérations purement générales.

L'enfer n'est pas une fiction. Vous avez tous lu dans les
poëtes anciens ces descriptions terribles d'un empire souterrain, où l'on ne pénétrait qu'avec des formules magiques et
par la volonté spéciale des dieux. Vous vous rappelez ces
noms des fleuves infernaux : le Styx aux eaux noires, l'avare
Achéron, l'Averne, le Léthé, et le terrible Phlégéthon, dont les
flots étaient des flammes ardentes. Eh bien ! toutes ces horreurs, tous ces lugubres tableaux, tous ces paysages terribles
du séjour des morts, loin d'être au-dessus de la réalité, sont encore bien au-dessous. C'est ainsi que le génie de l'antiquité,
grâce à une puissance d'intuition que nous avons remplacée

jusqu'à un certain point par une raison plus froide et par un esprit d'investigation patiente, avait deviné beaucoup de choses que la science moderne a depuis confirmées. Si mes souvenirs classiques ne me trompent pas, la mythologie nous représente, à l'origine des choses, l'empire de l'univers partagé entre trois grands dieux, fils du vieux Kronos : Pluton, Neptune, Jupiter. Pluton, c'est le dieu du feu, et aussi de la terre; Neptune, c'est le dieu des eaux, et Jupiter, le dieu de l'air, de l'atmosphère et du ciel. Un jour, Vulcain, le fils de Jupiter, entre en révolte contre le roi des dieux. Jupiter, dans un accès de courroux, précipite sur la terre ce nouveau Satan; alors Vulcain devient l'hôte et le compagnon de Pluton; il devient le dieu des métaux, le génie du travail, qui est aussi le génie de la liberté. (Applaudissements.)

La cosmogonie scientifique, telle qu'elle est constituée aujourd'hui, a confirmé, ou pour mieux dire, expliqué ces fictions que sans doute les poëtes anciens croyaient bien des fictions, mais que les savants modernes appellent d'un autre nom, des *hypothèses*. Passez-moi, Mesdames, ce mot grec, qui, en français vulgaire, signifie tout simplement supposition. Les hypothèses sur l'origine du monde et sur sa constitution ont été fort nombreuses, et elles ont changé de caractère à mesure que les connaissances fournies par l'observation et par le calcul les ont complétées. Il serait sans doute intéressant de suivre l'histoire des efforts de l'esprit humain pour arriver à connaître une des choses qui certainement nous intéressent le plus : l'histoire du monde que nous habitons. Mais j'arrive tout de suite à l'hypothèse la plus célèbre, à celle qui conserve encore le plus de partisans, et à laquelle du moins il est difficile d'opposer une hypothèse plus plausible.

Laplace, un des plus grands astronomes du siècle dernier, Laplace, qu'on a surnommé le Newton français, supposait qu'au commencement du monde, *in principio*, à une époque séparée de nous par un intervalle qu'il faudrait peut-être évaluer en millions d'années, — il existait dans l'espace une masse gazeuse entièrement incandescente, et qui, comme toutes les masses fluides en suspension, affectait la forme d'une sphère. Représentez-vous cette sphère immense animée d'un rapide mouvement de rotation sur elle-même. Par l'effet de ce mouvement, et en vertu d'une force que les physiciens désignent sous le nom de force centrifuge, elle s'aplatit peu à peu ; un anneau s'en sépare, et cet anneau fracturé, divisé, donne naissance à un certain nombre de sphères ; puis ces nouvelles sphères continuent d'être emportées dans l'espace par un double mouvement de rotation sur elles-mêmes et de translation autour de la sphère génératrice. Celle-ci est le soleil ; quant aux sphères nouvelles qui tournent ainsi autour de l'astre d'où elles sont sorties, ce sont les planètes et leurs satellites. Mais je ne pourrais insister sur ce sujet sans aborder des considérations astronomiques dont je dois m'écarter.

Bornons-nous donc à considérer une seule de ces planètes issues du soleil primitif, et appelons-la la TERRE. Cette sphère est, comme ses sœurs, animée d'un mouvement de rotation rapide sur elle-même : elle est d'abord gazeuse et incandescente, et la chaleur qui y règne alors se traduirait par des chiffres tellement élevés qu'il est impossible de les exprimer. Mais peu à peu, par suite du rayonnement dans l'espace, cette masse incandescente se refroidit.

Vous savez tous que la vapeur d'eau, par exemple, en se refroidissant, redevient de l'eau ; l'eau, en se refroidissant encore, devient de la glace. Ces phénomènes se reproduisent de la même manière pour un très-grand nombre de substances, et l'on peut presque dire que tous les corps sont théoriquement susceptibles de passer par les trois états de vapeur ou de gaz, de liquidité et de solidité, bien que ces transformations s'opèrent à des températures et dans des conditions très-diverses.

La Terre, cette masse incandescente dont je viens de vous parler, apparaît donc d'abord sous la forme gazeuse. Parmi les vapeurs dont elle est formée, une certaine quantité, en se refroidissant, passe à l'état liquide, puis, le refroidissement continuant, arrive à l'état solide ; mais le refroidissement est plus considérable et plus rapide à la surface qu'au centre ; c'est donc d'abord sur la périphérie du globe que s'opèrent les condensations. Il se forme ainsi, tout au tour de la sphère liquide, une croûte mince. Au-dessus de cette croûte, en partie solide, en partie liquide, surnagent des vapeurs, qui, par une condensation ultérieure, deviendront l'eau de l'Océan, des lacs et des fleuves, et des gaz qui, eux, ne se condenseront peut-être jamais, parce que cette condensation exigerait un abaissement de température dont nous ne saurions nous faire aucune idée. Désormais le globe terrestre est constitué; les trois grandes puissances personnifiées par les dieux suprêmes de la mythologie se sont partagé le monde : en haut, Jupiter, l'atmosphère, l'air; au-dessous, Neptune, Pluton et Vulcain, — l'Océan, la Terre et le feu. Mais la lutte n'est pas finie : elle se continuera encore pendant des milliers de siècles entre Pluton et Neptune, entre les forces souterraines et l'Océan.

L'histoire de cette lutte est celle des transformations successives de la surface du globe : transformations attestées par la superposition des couches de diverse nature qu'on a pu étudier en creusant le sol à de grandes profondeurs. Mais comment ces transformations se sont-elles accomplies? Doucement, tranquillement? ou bien par soubresauts, par révolutions pour ainsi dire?

La dernière doctrine est enseignée par Cuvier. Mais il arrive, par l'effet d'une tendance naturelle à l'esprit humain, et dont les savants même ne sont pas exempts lorsqu'ils s'écartent de l'esprit scientifique, qu'on oppose volontiers un système absolu à un autre système absolu. C'est ce qui est arrivé dans l'ordre des doctrines cosmogoniques. Tandis que les anciens géologues n'admettaient pas que les changements survenus à la surface du globe se fussent produits autrement que par révolutions violentes, les géologues de l'école moderne croient, au contraire, que tout s'est passé le plus doucement, le plus tranquillement du monde. Si vous me permettez d'exprimer mon opinion personnelle, je dirai que la vérité me paraît être entre ces deux extrèmes. L'étude de la surface du globe nous indique jusqu'à l'évidence que le globe subit encore fréquemment de brusques perturbations. D'autre part, l'observation des phénomènes terrestres nous montre que certaines transformations s'accomplissent aussi d'une manière lente et paisible.

Il y a des portions de continents qui s'abaissent ou s'exhaussent doucement : la Norwége par exemple. Ou bien le fond des mers se modifie; des îles nouvelles surgissent peu à peu, par l'effet de causes nombreuses; voilà des transformations lentes à se produire et dues à des causes qui agissent sans que nous nous en apercevions. Mais comment méconnaître d'autre part les révolutions violentes, quand on assiste à de événements aussi terribles que celui à propos duquel nous sommes réunis aujourd'hui?

Quand on passe en revue les volcans qui se trouvent sur plusieurs points de la surface du globe, on voit qu'il y a des montagnes qui vomissent continuellement des torrents de matière incandescente. On n'a pas oublié le formidable soulèvement volcanique qui, il y a deux ou trois ans, a donné naissance, dans l'Archipel des Cyclades, à l'île du Roi-Georges. Voilà une force souterraine qui tout à coup fait surgir du sein des flots, avec dégagement de fumée, de vapeurs et de flammes, une île nouvelle qui n'existait pas la veille. L'explication de tels faits, Mesdames et Messieurs, ressort naturellement et logiquement de la théorie de Laplace, c'est-à-dire de la constitution du globe et de sa formation ainsi conçue : une croûte solide très-mince s'est peu à peu formée à la surface du globe, mais il est resté au centre un noyau incandescent, une fournaise remplie de matières en fusion, théâtre continuel de réactions chimiques, de vaporisations, de liquéfactions, de retours à l'état liquide, puis solide, en un mot de phénomènes chimiques et physiques se produisant par des causes et dans des conditions très-diverses. Dès lors il est assez naturel de croire que par suite de mouvements, d'ondulations intérieures, le couvercle fragile de la chaudière sur laquelle nous marchons éprouve des secousses violentes, des expressions soudaines, des ruptures. Cela est d'autant plus admissible, que nous voyons à la surface de la croûte terrestre des inégalités très-marquées; il y a des vallées, des montagnes, et les montagnes en général présentent des aspects tourmentés qui indiquent d'une façon indubitable une origine violente.

Ici, la théorie, que l'on peut appeler révolutionnaire, et qui est celle de Cuvier, se trouve confirmée. Mais d'autres théories lui ont été opposées. On a contesté la liquidité absolue de l'intérieur du globe. Ces théories seraient longues à exposer et le temps me manque pour mettre sous vos yeux le pour et le contre des systèmes en présence.

Voici cependant une des objections les plus sérieuses qu'on élève contre l'hypothèse de Laplace. On a dit qu'en calculant la densité de la terre et sa température intérieure à mesure qu'on se rapprocherait du centre, on arriverait à des chiffres fabuleux et, par cela même, contradictoires, puisque la chaleur centrale serait telle que toutes les substances, même les plus réfractaires, loin de pouvoir être condensées, n'en pourraient supporter un seul instant la formidable pression.

On ne peut contester cependant qu'il y ait des présomptions sérieuses en faveur de l'existence, sinon d'un noyau, au moins d'une nappe incandescente, à une profondeur plus ou moins considérable. D'abord l'observation directe nous apprend qu'à mesure que l'on pénètre dans le sol, de 30 mètres en 30 mètres environ, la température augmente d'un degré ; dans les puits de mine, par exemple, on constate parfaitement un accroissement constant de température à mesure que l'on se rapproche du centre de la terre. Jusqu'où peut aller cette augmentation ? continue-t-elle indéfiniment ? C'est ce que l'on ne peut savoir, mais il est certain que la température augmente.

Vous savez tous aussi qu'il existe des sources d'eaux minérales qui jaillissent du sol à une température très-élevée. Vous savez qu'en certains pays, tels que l'Islande, il se produit des phénomènes analogues connus sous le nom de *geysers*, véritables volcans d'eau bouillante.

Evidemment, tout cela indique l'existence d'un puissant foyer de chaleur, dans lequel les matières qui forment le noyau du globe terrestre sont dans un état de lutte chimique, de révolution continuelle et à une température excessivement élevée.

Ici se présente tout naturellement à l'esprit la pensée d'expliquer à la fois et les volcans et les tremblements de terre par l'action de ces matières incandescentes et bouillonnantes.

Les volcans et les tremblements de terre sont presque toujours considérés comme des phénomènes de même ordre, enfantés par les mêmes causes. Mais cela aussi a été contesté. A l'appui de l'affirmative on a dit que les volcans sont des soupapes de sûreté de la chaudière intérieure, et que là où les volcans fument continuellement et vomissent fréquemment des torrents de laves, les tremblements de terre sont plus rares et moins violents. Mais, d'autre part, on a pu observer qu'à des distances souvent très-considérables d'un volcan il se produit des tremblements de terre d'une extrême violence ; ce qui a fait concevoir des doutes sur la connexion intime et constante qu'on croyait d'abord exister entre les deux phénomènes. Toutefois, alors même que les tremblements de terre avaient lieu très-loin de volcans éteints ou de volcans en activité, rien n'empêchait encore de les expliquer par les mouvements de la masse ignée, en partie liquide, en partie gazeuse — noyau ou nappe — que les uns ont nommé « *pyrosphère*, » les autres « *pyriphlegéton*. »

Mais cette théorie me paraît trop exclusive et trop absolue. Je crois, — et l'opinion que j'exprime, je dois le dire, ne m'est pas seulement personnelle : elle a été aussi émise par plusieurs géologues qui ont étudié cette question de près pendant de longues années avec toute l'attention possible, — je crois que ce phénomène est plus complexe qu'on ne le pense ordinairement. Sans doute, les tremblements de terre peuvent s'expliquer dans beaucoup de circonstances par la présence de matières en ignition accumulées sous le sol, à une certaine profondeur. Ces matières en état d'effervescence tendent à soulever l'écorce du globe, et de là ces trépidations, ces oscillations, ces tremblements qui affectent tout l'espace situé au-dessus du lieu où les réactions s'accomplissent.

Il y a une autre théorie qui explique les tremblements de terre par les infiltrations des eaux, et surtout de l'eau de mer. On suppose ici que l'eau de la mer pénètre par les fissures du sol dans le foyer incandescent, et que là elle se vaporise subitement en masse et détermine une sorte d'explosion analogue à celles qui se produisent dans nos machines à vapeur. Beaucoup de tremblements de terre peuvent s'expliquer de cette façon. Un de nos géologues les plus distingués, M. Fouqué, a analysé chimiquement les vapeurs qui s'échappaient de certains volcans, tels que ceux de l'île du roi Georges, de Néa-Kamméni, de Santorin, et les vapeurs qui sont sorties du nouveau cratère de l'Etna ; et il a trouvé constamment dans ces vapeurs les éléments de l'eau de mer, ainsi que d'autres substances résultant de la combinaison de l'eau de mer avec les matières mêmes qui composent ordinairement la lave des volcans.

Ce qui a paru confirmer cette hypothèse, c'est que bien souvent les volcans, les tremblements, les révolutions volcaniques se produisent sur les bords de la mer ou du moins à une petite distance des côtes. D'ailleurs, lorsque ces phénomènes ne peuvent pas s'expliquer par l'infiltration des eaux marines, on peut encore les expliquer par celle des eaux souterraines.

Dans les montagnes qui ont cessé d'être volcaniques, même dans celles qui ne présentent plus aucune trace de cratère, il y a souvent des tremblements de terre, en général moins violents que ceux qui ont lieu là où l'action volcanique subsiste ou n'a cessé que depuis peu. Mais peut-être ces secousses ne sont-elles pas, à proprement parler, des tremblements de terre. Elles se produisent généralement à l'époque de la fonte des neiges. On peut alors les attribuer au mouvement des glaciers, au déroulement des avalanches le long des flancs des montagnes. Il se peut encore que les neiges, à la suite d'une fonte abondante, pénètrent dans le sol, rencontrent des matières à une température élevée, se vaporisent subitement et produisent une espèce d'explosion.

Ce n'est pas tout. Pour se rendre compte de la cause des tremblements de terre, il n'est pas sans intérêt d'examiner d'un peu près comment ils se comportent, et de voir si l'on ne pourrait pas les rattacher à certaines lois, s'il ne serait pas possible de constater une certaine périodicité dans leur répétition.

On croit avoir reconnu — et c'est une démonstration que les géologues modernes, particulièrement ceux qui se livrent à l'étude de ces phénomènes, ont cherché à appuyer sur des chiffres—que les secousses sont plus fréquentes dans les pays de montagnes que dans les pays de plaines, ainsi que j'avais l'honneur de vous le dire tout à l'heure, et, — chose plus remarquable, — que les tremblements de terre sont plus nombreux en hiver qu'en été. C'est surtout dans les pays de montagnes non volcaniques que cette fréquence est plus grande. Ainsi, dans le Valais, par exemple, sur 98 tremblements de terre qu'on a pu compter, il n'y en a qu'un seul qui ait eu lieu pendant l'été; 97 se sont produits pendant l'hiver.

On a aussi constaté une particularité remarquable : c'est que les secousses de tremblements de terre se font sentir plus fréquemment pendant la nuit que pendant le jour. Et à ce propos M. Elisée Reclus vous aurait exposé une idée des plus ingénieuses. D'après lui, par suite du mouvement de rotation de la terre sur elle-même, la journée peut être considérée en quelque sorte comme un résumé de l'année tout entière : le matin est le printemps, le midi l'été, le crépuscule l'automne, la nuit l'hiver. Ce serait donc en vertu de la même loi que les tremblements de terre auraient lieu plus souvent pendant la nuit que pendant le jour et en hiver qu'en été : la nuit étant, pour ainsi dire, l'hiver de la journée, de même que l'hiver est en quelque sorte la nuit de l'année.

On croit avoir reconnu encore que les tremblements de terre présentent une coïncidence remarquable avec les grandes perturbations de l'atmosphère. Ainsi, dans les régions tropicales, il arrive souvent que la terre paraît ébranlée jusque dans ses assises par les ouragans, par les cyclones qui sévissent sous ces latitudes. Or, il se peut bien que, dans ces grandes tourmentes, l'épouvante qu'elles causent ait fait prendre l'apparence pour la réalité; mais il est possible aussi que les secousses, les ébranlements du sol qu'on a cru observer dans ces circonstances proviennent du choc violent des flots ou des vents contre les côtes et contre les flancs des montagnes, c'est-à-dire de phénomènes qui n'auraient rien de commun avec existence des forces souterraines. On a cru pouvoir rattacher encore les tremblements de terre aux phases de la lune.

On attribue beaucoup de choses à la lune, et même de nos

jours, par exemple, une grande influence sur les mouvements de l'atmosphère. Il est bien vrai que la lune exerce une influence incontestable sur les masses d'eau répandues à la surface du globe; que c'est son attraction qui est la cause principale des marées; et si l'on veut admettre qu'il existe à une certaine distance au-dessous du sol un océan de matières en fusion, un océan de feu soumis, comme l'Océan liquide, à l'attraction lunaire, évidemment alors il y aurait des marées pour cet océan intérieur comme pour l'océan supérieur. Mais aussi ces marées seraient régulières, périodiques; or, on a bien cru remarquer une certaine périodicité dans les tremblements de terre, mais cette périodicité est loin d'être aussi bien constatée que celle des marées.

On a parlé de l'influence des astres, de celle des taches du soleil; mais d'abord les taches du soleil elles-mêmes sont loin d'être suffisamment expliquées par les astronomes, et donnent encore lieu aux opinions, aux hypothèses les plus diverses. Quoi qu'il en soit, et quelque idée qu'on se fasse de ces taches, il me semble impossible d'établir une relation physique quelconque entre un tel phénomène et les manifestations des forces souterraines.

En résumé, ce qui paraît le plus probable, c'est que les secousses et les tremblements de terre sont dus tantôt à des réactions chimiques intérieures, qui se produisent au sein de masses incandescentes situées à une profondeur quelconque, — réactions chimiques dont il est difficile de se faire une idée exacte; — tantôt à l'infiltration des eaux de la mer ou des eaux souterraines, ainsi que l'ont démontré les analyses de M. Fouqué; tantôt au dégagement de gaz qui cheminent à travers les fissures du sol, et qui, se trouvant comprimés en certains endroits — quand ces fissures se rétrécissent, — exercent une pression plus ou moins énergique sur les parois du conduit souterrain, en sorte qu'alors le sol se soulève et s'agite au-dessus de ces conduits naturels, si même il n'est déchiré, perforé et bouleversé.

Je vous ai parlé au début, Mesdames et Messieurs, des fictions des poëtes anciens. Vous savez comment ils représentaient l'Enfer, le Ténare, et tout cet empire ténébreux du centre de la terre. Mais tous les poëtes de l'antiquité ne sont pas des inventeurs de fables; plusieurs ont cherché à s'élever au-dessus des erreurs et des superstitions du vulgaire, et à pénétrer les secrets de la nature. Au premier rang de ces poëtes, à la fois philosophes et savants, il faut placer Lucrèce, qui se faisait assurément une idée très-rationnelle du phénomène des tremblements de terre, quand il écrivait dans son poëme *De la Nature des choses :*

« Apprends maintenant la cause des tremblements de terre,
« et persuade-toi surtout que l'intérieur du globe est, comme
« la surface, rempli de vents, de cavernes, de lacs, de préci-
« pices, de pierres, de rochers et d'un grand nombre de fleuves
« intérieurs dont les flots impétueux emportent et roulent des
« roches submergées ; car la raison veut que la terre soit par-
« tout semblable à elle-même. Les tremblements de la surface
« du globe sont occasionnés par l'écroulement intérieur de
« quelques énormes cavernes que le temps vient à bout de dé-
« molir ; ou bien ce sont des montagnes tout entières qui tom-
« bent, et dont la secousse violente et soudaine doit se propager
« au loin par de terribles vibrations : c'est ainsi qu'un cha-
« riot, dont le poids n'est pourtant pas considérable, fait trem-
« bler sur son passage tous les édifices voisins ; et les coursiers
« fougueux, en faisant rouler les bandes des roues armées de
« fer, secouent tous les lieux d'alentour. Il peut arriver aussi
« qu'une masse énorme de terre tombe de vétusté dans un
« grand lac souterrain, et que le globe vacille par une suite
« d'ondulations ; de même à la surface de la terre un vase plein
« d'une onde agitée ne peut reprendre son équilibre tant que
« l'eau qu'il contient n'a pas retrouvé son niveau. »

Cette explication de Lucrèce est toujours parfaitement plausible. Il est probable qu'à de certaines profondeurs, sous la croûte terrestre, il existe des excavations immenses. Dans ces excavations, il y a des lacs souterrains, des fleuves, des torrents, des gaz; si tous ces divers éléments se comportent comme ceux de la surface du globe, il n'y aurait rien d'étonnant à ce que dans ces régions mystérieuses il se produisit des mouvements et des perturbations, des tempêtes, peut-être ; et ces phénomènes peuvent être pour beaucoup dans les tremblements de terre.

Vous voyez, d'après ce que j'ai eu l'honneur de vous exposer, que tout ici est encore bien conjectural ; et ce qui nous manque, malheureusement, c'est la conclusion pratique. Si l'on sait bien peu de choses sur la cause des tremblements de terre, ce que l'on sait moins encore, ce sont les moyens de s'en préserver. Aucun pays du monde n'est à l'abri de ce terrible phénomène. Si certains pays, comme les contrées tropicales, y sont plus exposés, par un fatal privilége qu'il est difficile d'expliquer, il faut reconnaître aussi que les contrées froides, tempérées, y sont également sujettes. On a cru reconnaître que, dans certaines circonstances, certains sols sont plus facilement bouleversés que d'autres par les tremblements de terre ; ce qui contribue à rendre leurs effets plus désastreux. Ainsi les sols granitiques, les roches très-solides, sur lesquelles sont bâties certaines villes, sont moins agités et bouleversés que les sols meubles et friables. Les premiers s'entr'ouvrent moins, et les habitants courent moins de risques. C'est là une indication un peu vague sans doute, et qui ne peut guère être mise à profit dans les pays nouveaux comme l'Amérique, où la colonisation est commandée par une multitude de circonstances diverses, et où, au moment de fonder une ville, on ne songe pas à opérer des sondages pour savoir au juste sur quel sol il conviendrait le mieux de s'établir.

Ici encore nous en sommes réduits aux conjectures, et nous devons attendre qu'une nouvelle sybille nous conduise dans cet enfer, et nous permette d'en pénétrer les mystères. Un spirituel académicien, M. Babinet, a proposé de constituer ce qu'il appelle la *société du trou.* Cette société aurait pour but de creuser un immense trou par lequel on pénétrerait dans le sol aussi profondément que possible. (*Rires.*) Je ne sais pas trop les résultats que l'on pourrait obtenir de cette façon. (*Sourires.*) Évidemment il viendrait un moment où l'on se trouverait en présence des forces souterraines, qui diraient à l'homme : Tu n'iras pas plus loin !

Ainsi, nous devons jusqu'ici, je le dis à regret, nous résigner au doute sur la grande question dont j'ai essayé de vous faire entrevoir rapidement les divers aspec s. Mais nous ne devons pas oublier que l'un des plus impérieux devoirs de l'homme de science est de *savoir ignorer*. L'exemple de cette modestie toute philosophique nous a été donné par les plus lumineux génies, depuis Socrate qui confessait « ne savoir qu'une chose : c'est qu'il ne savait rien, » jusqu'à ce même Laplace, dont je vous ai exposé la théorie si grandiose et si ingénieuse. Et je ne puis mieux terminer qu'en citant les dernières paroles de l'illustre astronome. Comme ses amis, entourant son lit de mort, lui rappelaient ses magnifiques travaux et les conquêtes dont il avait enrichi la science : « Hélas! dit-il, ce que nous savons est peu de chose, ce que nous ignorons est immense! » (*Applaudissements.*)

# DISCOURS DE M. JULES SIMON.

Mesdames,

Dans cette réunion, organisée avec tant d'habileté et de dé-vouement par M. Fourquet, tout le monde ici est à sa place, excepté moi. Vous, d'abord, vous êtes parfaitement à votre place, et à votre place habituelle, puisqu'il s'agit d'une bonne œuvre; notre président, M. Laboulaye, est encore tout à fait à sa place, puisqu'il s'agit de l'Amérique. (*Applaudissements.*) Il est vrai qu'il distingue quelque peu, dans l'Amérique, et qu'il a jusqu'ici préféré l'Amérique du Nord (*sourires*), mais il a l'âme assez large pour embrasser aussi l'Amérique du Sud, dans son admiration et sa sympathie. (*Applaudissements.*)

Pour M. Mannequin, il vous a fait un récit que je n'ai pas eu le bonheur d'entendre, mais que j'avais lu avec intérêt sur les épreuves d'imprimerie. Enfin, M. Arthur Mangin, tout en reconnaissant avec la modestie d'un véritable savant qu'il reste à la science de grands problèmes à résoudre, nous a expliqué, avec une précision élégante, la cause des déplorables événements qui ont été l'occasion de cette assemblée.

Mais moi, qui viens ici pour dire le dernier mot dans une séance qui se terminera par une quête, je suis obligé de vous avouer que je suis un peu l'ennemi des quêtes, et tout à fait l'ennemi de cette belle et touchante chose, que j'ai bien du regret à condamner, et qui s'appelle l'aumône. De sorte que je suis absolument — sans aucune comparaison avec un si grand personnage—dans la situation où se trouvait le doge de Venise, quand il vint à Versailles apporter au roi Louis XIV les excuses de la République. On le reçut non en suppliant, mais en souverain ; on le promena dans le parc de Versailles, en lui faisant admirer toutes les beautés; et quand il eut tout vu, celui qui le conduisait, quêtant un compliment pour son maître, lui demanda : « Qu'avez-vous admiré le plus dans ce palais et ces jardins? » il répondit : « C'est de m'y voir. »

M'en vouärez-vous si je fais acte de philosophe, et si je rends témoignage à ma doctrine, en vous disant très-simplement ce que je pense de l'aumône? Je pense qu'il n'y a rien de plus touchant, si l'on ne regarde que ses motifs, et rien de plus dangereux, dans la plupart des cas, si l'on songe à ses effets. Cette pièce d'or que vous déposez de si bon cœur dans la bourse d'une quêteuse, représente pour vous une privation, et, peut-être, pour celui qui la recevra, une excitation à mal faire, ou, ce qui est la même chose, à ne rien faire. L'impulsion du cœur est parfaite; mais le jugement de la raison est plus sévère : elle pèse les conséquences, elle prévoit et juge l'avenir. Or, quelle est la loi de la vie humaine? C'est d'obéir toujours à la raison ; c'est de gouverner le cœur en l'écoutant.

Donner, qu'est-ce? C'est ordinairement apporter un soulagement bien momentané, et qui fait paraître plus dure la misère du lendemain. C'est bien souvent donner le moyen de ne pas travailler, et, par conséquent, donner le vice et la paresse. Il m'est arrivé — moins souvent qu'à vous, mesdames —

d'aller voir de près les lieux où l'on souffre. J'y ai presque toujours rencontré la charité, mais bien rarement la charité efficace. Le dirai-je? Comme il y a une médecine qui prolonge la maladie en l'adoucissant, il y a une charité qui fait durer la misère. Au fond, j'aime mieux la souffrance. Elle est comme la flamme : elle peut détruire, mais elle peut fortifier. Tandis que cet argent qu'on n'a pas gagné, sur lequel on n'a pas de droit, qui arrive sans cause comme un gain à la loterie, remplace l'énergie par des espérances énervantes, et tue la virilité. Mendier, s'incliner, attendre, ce n'est pas là l'homme. L'homme, c'est travailler et lutter, compter sur soi, obéir au devoir, mépriser et dompter la douleur.

Un de mes amis, qui est ici à Paris directeur de l'Assistance publique, et qui fait par conséquent l'aumône en grand, — à nos dépens à tous, du reste, — (*sourires*) me racontait un jour qu'ayant fait des recherches sur les personnes qu'il assiste, il y avait trouvé de véritables dynasties. Le fils assisté est fils d'un père assisté et petit-fils d'un grand-père assisté lui-même. Il y a des noms sur ses listes qui pourraient prouver leur noblesse en remontant par l'aumône jusqu'à M. de Sartines. (*Rire général.*)

Je sais qu'on atténue les dangers de l'aumône, en donnant, au lieu d'argent, du travail. J'en conviens, en donnant du travail, on ne donne pas la paresse. Celui qui donne, et qui n'a pas besoin de travailler, sacrifie une partie de sa fortune; celui qui reçoit échappe du même coup à la paresse et à la misère : voilà sans doute la vraie charité. Prenez garde, cependant! Vous qui donnez, donnez-vous seul? Non : pour secourir le malheureux qui est devant vous, et dont la détresse vous émeut, vous frappez à votre insu un impôt sur d'autres misères. Ce travail, que vous créez, et que le mouvement régulier de l'industrie ne demandait pas, jette sur la place des marchandises dont le prix descend au-dessous du cours, parce qu'elles sont le produit de fabricants privilégiés. Et quelle est la suite de cette concurrence? Un avilissement général de la main-d'œuvre; une perte infligée à des hommes que vous ne voyez pas, qui n'ont pas le moyen de la supporter, que vous transformez en besoigneux par vos générosités mal réglées, qui, dans leurs ateliers, ne demandaient à Dieu rien que la santé et la force; au monde, rien que de pouvoir exercer durement, péniblement, mais constamment cette force, et d'en retirer le bénéfice naturel qu'elle doit produire.

Ceux-là, assurément, sont aussi bien nos frères que les travailleurs à qui nous donnons l'aumône, sous cette forme perfectionnée qu'on appelle le travail subventionné.

Est-il une seule de vous, Mesdames, qui, soit quand elle travaille à certains ouvrages qu'elle aurait pu ne pas faire et qu'elle vend dans une assemblée de charité, afin d'en distribuer le prix aux pauvres, soit quand elle fonde des ouvroirs, et qu'elle procure à des jeunes filles, qui peut-être, en effet, sans cela, n'auraient pas travaillé, le moyen de le faire dans une situation et dans des conditions plus heureuses, ait pensé à l'ouvrière qui vit isolée dans sa chambre, n'ayant pas, ne voulant pas avoir de protecteurs, les craignant, et exerçant modestement la plus magnifique de toutes les vertus, celle qui consiste à se courber sur un travail mal rétribué et à vivre de privations, quand il lui suffirait d'avoir un peu moins de vertu pour vivre dans l'aisance et dans le bonheur que le monde peut donner? Est-il une seule de vous, Mesdames, qui ait jamais pensé que sa charité avait cette triste et inattendue conséquence qu'en soulageant des misères peut-être moins respectables, elle augmentait d'un autre côté la plus sainte et la plus admirable de toutes les misères? (*Applaudissements.*)

Voilà quelques-uns des inconvénients de l'aumône quand elle n'est pas bien dirigée et quand on ne réfléchit pas suffisamment à la manière dont on la fait.

Cette doctrine vous paraît dure, et elle l'est. — Tout ce qui est vrai et philosophique est un peu dur. Croyez-moi, ne vous fiez pas aux doctrines trop aimables et à la morale trop facile. La vie elle-même est dure, elle est austère, il faut l'accepter telle qu'elle est, et ne chercher de consolations que dans les affections saintes et la pratique continuelle du devoir. (*Applaudissements.*) — Quoi! nous sera-t-il interdit de donner? Et la philosophie va-t-elle faire de la richesse un fardeau importun?

Non, mais il faut savoir donner. Ce n'est pas un art, comme on l'a dit, en ne pensant qu'aux grâces de la bienfaisance : c'est une science, et une science difficile.

D'abord, on peut fonder des établissements utiles, et je mets au premier rang les écoles. Riches, qui ne savez que faire de votre superflu, et vous, pauvres, qui ne savez non plus que faire d'une portion de votre nécessaire, et pour qui la charité fait aussi partie du nécessaire, ouvrez, fondez des écoles, il n'y en a pas, il n'y en aura jamais assez !

Mais, en outre, ceux auprès de qui vous pouvez, vous devez accourir, ce sont ceux qui n'ont plus le moyen de se sauver eux-mêmes; ces déshérités, ces abandonnés, sans force intellectuelle et physique, sans famille, sans autres amis que les amis de l'humanité, et qui ne peuvent plus que souffrir et mourir, si une main fraternelle ne s'étend sur eux. Ah ! c'est ici que je me retrouve, c'est ici que nous nous retrouvons, Mesdames et Messieurs, car nous ne venons pas vous demander votre obole pour des travailleurs encore valides. Nous ne voulons ni vous substituer à une énergie défaillante, ni dispenser la famille de ses devoirs, grâce à vos secours. Voici une de ces catastrophes où la charité triomphe, parce qu'elle est le seul pouvoir qui reste debout ; où les victimes perdent à la fois leur fortune, leur patrie, leur famille; où elles n'ont plus d'autre ressource que la pitié qu'elles vous causent. Je ne vous raconterai pas, après les voix éloquentes que vous avez entendues, cette nuit qui fut la dernière pour tout un peuple, ni les édifices croulants, ni les eaux sortant de leur lit, ni la terre entr'ouverte, ni ces milliers d'êtres vivants engloutis, ni cette patrie qui n'est plus qu'un souvenir, ni le désespoir de ceux qui restent, pour qui le passé n'est plus qu'un rêve horrible, et le monde qu'un désert ou un enfer. La mort et la ruine sont si près de nous à toute heure, que nous nous faisons une habitude de les oublier; plus qu'une habitude, un besoin; plus qu'un besoin, un mérite. Nous appelons bravoure ce qui n'est au fond qu'ineptie. La bravoure, c'est de voir la mort et de rester fermes et actifs, impassibles dans le péril, mais dans le péril connu, et bravé. Nous voici paisiblement rassemblés

dans une salle de musique; à deux pas, circule une foule af-
fairée et brillante; c'est l'heure et la capitale des plaisirs; une
lieue de terrain autour de nous est couverte de palais; le gaz,
partout flamboyant, y remplace le jour; les siècles y ont accu-
mulé les chefs-d'œuvre de la peinture et de la statuaire; les
richesses du monde et le monde entier y affluent; d'ici partent,
pour tous les points du globe, les modes, les systèmes et les révolutions. Une hypothèse! sous nos pieds est un de ces enfers
dont nous parlait si doctement tout à l'heure M. Arthur Mangin. Le feu souterrain gronde déjà pendant que je parle, de
telle sorte que, bien plus que par la volonté d'un proconsul,
bien plus que par le triomphe d'une armée, bien plus que par
l'invasion de la barbarie, il pourrait arriver que dans quelques semaines d'ici on cherchât le lieu où fut Paris. Cela peut
nous arriver en sortant d'ici. (*Rires.*) Oui, cela peut arriver, et
ce qui est admirable, c'est que mon hypothèse vous fasse rire.
(*Applaudissements.*) Si M. Laboulaye, M. Mannequin, M. Mangin et moi nous avions été faire une conférence la veille du sinistre, sur le théâtre même de la catastrophe, et que nous eus-
sions fait la même hypothèse, nous aurions été aussi accueillis
par des rires.

Il n'y a pas de mal à cela, au contraire. Il faut rire du péril
avant qu'il arrive, et rire encore devant le péril. Mais quand
le mal est arrivé, c'est alors qu'il faut pleurer, ou plutôt, au
lieu de pleurer il faut compatir. (*Bravos.*)

Ils sont bien loin, dites-vous, pour être nos frères? Non, car
c'est partout le même péril et la même humanité. J'insiste sur
cet éloignement, j'y insiste pour agir sur vous. Donnez pour
ceux que vous ne connaîtrez jamais, pour ceux que vous ne
verrez jamais. Donnez à l'humanité !

Dans l'instinct qui nous porte à soulager la douleur présente
et criante, il entre quelque chose d'irréfléchi, d'animal, pour
ainsi dire, qui tient aux sens et à l'imagination, qui, par la
surface, ressemble à une vertu, et en réalité s'en distingue
profondément. En voulez-vous la preuve? Prenez un de ces
spectacles que nous étale encore trop souvent la justice humaine. La foule est accourue, dès la veille, pour assister au

supplice. Elle passe une nuit dans la boue et sous la bise, pour se rassasier des douleurs d'un homme. Elle se raconte, pendant ces longues heures, comme un prélude sanglant, tous les détails de son crime. Elle en exalte l'horreur; elle ne respire que la cruauté et la vengeance. Aux premières lueurs du jour, une porte s'ouvre, le condamné paraît et est salué par des cris de haine. Puis, derrière lui, vient le bourreau. A cette vue, les sentiments de la foule sont retournés. Le souvenir du crime s'éloigne des âmes : la pensée du supplice les envahit. Voulez-vous rendre le criminel tout à fait sympathique à ceux qui tout à l'heure l'auraient déchiré? Mordez-le avec des pinces, tirez ses membres avec des tenailles, versez du plomb fondu dans ses plaies. Oh ! alors, ce n'est plus un criminel, c'est un homme, c'est un martyr; votre imagination s'enflamme, elle vous tourmente; vous sentez jusque sur vous les langues de flamme et les dents de fer. Qu'est-ce que cela ? Cela, chair et sang que vous êtes, c'est le même sentiment qui vous permet de commander un meurtre loin de vous, et qui vous ferait frémir d'horreur si on le commettait en votre présence! (*Bravos.*)

Mais ici, Messieurs, nous allons faire de la bienfaisance abstraite, et obéir au sentiment de la solidarité humaine, un grand sentiment, je ne dirai pas un sentiment nouveau, — ce ne serait pas juste, — mais un de ces sentiments qui se développent de plus en plus de notre temps, et qui en seront le véritable honneur! (*Bravos.*)

A qui faut-il, je vous prie, faire honneur de cette vertu grandissante? à la science? à la philosophie? Nous autres philosophes, nous sommes peut-être un peu trop tentés de dire que les progrès de l'humanité viennent de nous. J'aime mieux voir dans ce sentiment de solidarité universelle l'action de la science. Nos contemporains ont vu un temps où il fallait des mois entiers pour parcourir la France, où l'Amérique était presque inaccessible; un temps, pour dire en un mot toute ma pensée, où le monde était encore grand !

En remontant le cours des siècles, je me représente Colomb, partant sur sa caravelle à la découverte du nouveau monde, et se disant qu'il lui appartenait, puisqu'il le voyait seul avec les yeux du génie. Vous le savez, au début de son entreprise, quand il en était encore à demander le moyen de la tenter, on le croyait en démence. La conquête d'un vaisseau lui coûta plus de peine que celle d'un monde. Je le vois quitter la vieille Europe, où il ne laisse guère que des ennemis; il franchit les eaux que le vieux monde labourait de ses rames; il dépasse les limites assignées jusque-là à l'imagination humaine, et trouble, seul et tranquille, la solitude solennelle de l'Océan : seul, dis-je, car je compte pour rien la troupe inintelligente qui le suit, et qui se mutine contre lui à la veille même du triomphe. Enfin, les premiers êtres animés venant de la terre promise, et l'Amérique elle-même accourt pour ainsi dire au devant de lui, avec sa végétation merveilleuse, étalant à ses regards ravis cette riche variété de formes et de couleurs que Dieu jette d'une main prodigue à travers les espaces. Il aborde, et quand il a mis le pied sur ce continent, qui est vraiment sa conquête, une vraie conquête celle-là, faite pour l'humanité et non pas contre elle, il lui semble que les hommes qu'il rencontre sont à peine de la même famille que lui; cet Océan qui le sépare de l'Espagne lui paraît tellement grand qu'il est bien près de s'effrayer à son tour de sa témérité, et de se croire condamné à un éternel exil.

Eh bien! aujourd'hui, l'Amérique est à côté de nous. C'est une province du genre humain tout simplement; nous ne la voyons pas avec les yeux, parce que la science ne le veut pas encore, mais nous y allons en un clin d'œil, nous conversons avec elle. En même temps les idées, qui voyagent encore plus vite peut-être que les hommes, envahissent tellement la terre, que l'originalité disparaît. C'est un malheur, mais c'est aussi une gloire. Elle s'en va, l'originalité, même chez nous. A force de répandre l'instruction et le bien-être, nous commençons, grâce à Dieu! à effacer les différences. Ce sont des fêtes perdues pour la pensée; mais c'est l'ignorance vaincue, la barbarie refoulée, la justice rétablie, la famille humaine relevée, et bientôt pacifiée. La même merveille s'accomplit de peuple à peuple; la France ressemble à l'Italie, à l'Espagne;

elle ressemble même à la Russie; elle est toute pareille à l'Amérique du Nord, malgré les différences que M. Laboulaye a malicieusement signalées (*applaudissements*), et qui disparaîtront demain. Elle est véritablement la sœur de l'Amérique du Sud. Oui, nous avons tous maintenant les mêmes idées, les mêmes sentiments, la même civilisation; l'humanité est partout semblable à elle-même; nous n'avons plus aucun effort à faire pour reconnaître des frères, soit dans notre société, soit sur tous les points du globe. (*Bravos.*)

C'est donc, Messieurs, en qualité d'hommes du XIX<sup>e</sup> siècle, et j'ajouterai aussi un peu en qualité de philosophes, — si ces dames ne se plaignent pas de la classification, — c'est à ces titres que vous allez venir généreusement au secours de ceux qui ont tant souffert. Il ne me reste plus qu'à vous prier de ne pas mettre de bornes à votre charité; vous n'en trouverez jamais une occasion plus touchante. Jouissez de ce bonheur, puisqu'aujourd'hui vous le pouvez sans remords; le plus grand de tous les bonheurs est de servir une noble cause; je dirais presque que c'est le seul. Pourquoi vivre? Est-ce pour soi? Ce n'en vaut pas la peine. Mais vivre pour autrui, vivre pour faire le bien, voilà ce qui agrandit, ce qui ennoblit la vie. Heureuses les mains qui ont beaucoup donné! Heureuses surtout celles qui ont bien donné!

Je m'arrête. Si j'ajoutais à présent quelques mots, je paraîtrais douter de vos cœurs. Rien que la présence des quêteuses que vous allez trouver à la porte de cette enceinte vous dira beaucoup mieux que je ne le pourrais faire, que si le devoir est quelquefois austère, il est toujours aimable! (*Applaudissements prolongés.*)

M. LABOULAYE. — La séance est levée.

Paris. Typ. A. Parent, rue Monsieur-le-Prince, 31.

9 782016 179116